Anne Linscheid

Wo immer du hingehst

Liebesgedichte

„Jede Begegnung,
die unsere Seele berührt
Hinterlässt eine Spur
Die nie ganz verweht"

- Lore Lillian Boden

Inhaltsverzeichnis:
Titel des Gedichts, Seitenzahl

Abschied, 19
Allein, 95
Anna, 61
Augenblicke, 63
Begreifen, 20
Blonder Atemzug, 38
Dein Fehlen, 49
Dichtung und du, 29
Differenzen, 55
Du fehlst!, 69
Dunkelheit und Licht, 95
Ein Herz, 24
Einen Sinn, 34
Einsamkeit, 59
Er muss hören, 82
Erstmals, 18
Feuer, 9
Flügel, 34
Fredenbaum, 88
Für dich beben, 31
Gebt sie ab, 93
Gehen, 50
Heimisches Gefild, 76
Ich vermisse dich, 47
In den Tod, 98
Jana, 25
Katastrophal, 68
Kennst du das?, 35
Lass uns, 23

Alle deine Wege, 6
An Nietzsche, 22
Auf Umwegen, 52
Begegnung, 19
Bis ich sterbe, 52
Das Ganze, 57
Dem Irdischen, 23
Die Ohnmacht des Mondes, 78
Du, 69
Du regnest, 48
Edelweiß, 21
Ein Wort, 46
Einfach, 7
Entscheiden, 17
Erkenntnis, 17
Es tut weh, 65
Flammen, 77
Frauenliebe, 26
Fremde Augen, 27
Gardasee, 86
Geh nicht, 44
Gewitter, 75
I will, 51
Ich will dich, 45
Ins Herz, 97
Julian, 42
Keine Worte, 79
Klare Sicht, 64
Lauf, 32

Leben irgendwann, 53
Leise sterben, 48
Leuchtende Wonne, 85
Licht, 16
Liebste, 30
Meine Farben, 71
Meistens, 38
Morgenrot, 73
Neue Zeit, 37
Nie zu zweit, 15
Nur für mich, 56
Preisgeben, 96
Liebe zum Schmerz, 83
Sommer, 8
Sonnenuntergang am Rhein, 73
Spurlos, 54
Straßenläufer, 87
Süße Zeit, 13
Time, 51
Übermacht, 53
Verbotene Liebe, 39
Vergänglichkeit, 81
Verzehrt, 62
Von Zeit zur Zeit, 32
Was ich will, 8
Weil du, 10
Wiedersehen, 41
Workaholic, 92
Würde nur, 54

Leere Hüllen, 47
Lernen, 91
Libellen, 11
Liebe, 67
Meer der toten Seelen, 58
Meine Lieder, 33
Mit aller Freude, 11
Muse, 64
Nicht länger, 92
Nur, 94
Porzellan, 28
Regenbogenliebe, 13
Schönheit der Natur, 74
Sommergefühle, 58
Spuren, 60

Stefan Zweig, 67
Stress, 50
Tiefste Nacht, 7
Tränen, 70
Universum aus Gold, 66
Vergangen, 77
Vertrauen, 14
Vielleicht, 46
Warm, 29
Wegen dir, 41
Wie der Himmel, 88
Wissen, 55
Wort und Bild, 21

Herstellung und Verlag:
BoD – Books on Demand, Norderstedt
ISBN 978-3-7322-5022-6

Die helle Liebe

Alle deine Wege

Mir war an diesem Abend so,
Als ob da etwas in mir wüchse.
Rosen in der schönsten Pracht
Tief in meinem Innern blühten.

Regenbögen echt entstünden;
Tausendfach im Mondenschein
Als ob die Engel dieser Welt,
Schenkten mir den reinen Wein.

Denn ich sah dich, voller Freude
Lieb in meinen Blicken stehen.
Und ich sah dich, innig lächelnd,
Alle deine Wege gehen.

Stolz erhoben war dein Haupt,
Deine Augen schienen hell;
Schöner als ein Lichtermeer
Und mein Herz, es ging so schnell.

Du trugst mich fort in fremde Zeit,
Die mich ganz und gar erreicht.
Und ich blühte endlich wieder
Und das Leben war so leicht.

Lasst mich fliegen, all ihr Sterne!
Gebt mir Schutz und endlich Trost.
Wolkenbruch versiegte gnädig,
Bin zum Leben ausgelost.

Einfach

Das ist mein Streben nach Glück!
Das ist mein großer Traum.
Das ist alles, was ich je wollte
Und es zu haben fasse ich kaum.

Wer hätte gedacht, dass es so einfach ist?
Wer hätte gedacht, dass es so nahbar ist?

Denn mein Glück ist nicht weit weg,
Mein Glück geht nicht von dannen.
Es braucht nichts weiter dazu!
Mein Glück, das bist du.

Tiefste Nacht

Es war tiefste Nacht.
Die Sterne leuchteten hell um die Wette.
Ich konnte den schönsten nicht erwählen,
Dafür strahlten alle viel zu sehr.

Es war tiefste Nacht.
Der Mond gab leise Wehmut in mein Herz.
Ich stellte mir Fragen über den Sinn,
Verunsicherte sehr.

Da fingst du an zu lächeln
Und ich hatte keine Zweifel mehr.

Sommer
Die Fahrt in rege Hoffnung;
Vergib mir, trübes Herz.
Es weicht von mir der Winter,
Herbei kommt mir der März.

Ich lasse dich jetzt gehen.
Sieh, die frohe Seele
Versichert mir Geborgenheit
Und dass ich nicht fehle.

Und ich rieche Liebe,
Schwingt da in der Luft.
Trauer geht, und es bleiben,
Der Sommer und sein Duft.

Und bleiben alle Menschen
Traurig und verwirrt
So hab' ich mich doch niemals
Je in dir geirrt.

Was ich will
Es scheint die kleine Flamme
Mein Herz jäh zu verzehren.
Als würde sie ein Leben lang
Sich von dir ernähren.

Wenn du sprichst, erbebt die Erde.
Wenn du lachst sind Welten still.
Und war ich doch noch nie ein Wisser,
So weiß ich nun, was ich jetzt will.

Feuer

In meinem Herz ist Feuer,
Wie es stürmt und drängt!
Sieh, wie mein Gedanke
An deinem Lächeln hängt.

Ich kann mich der Erkenntnis
Einfach nicht verwehren.
Es scheint, als ob die Sterne
Sich zu dir bekehren.

Deinen Glanz verfolgen;
Um dich werben, jede Nacht.
Während mein verwirrtes Herz
Irr im Freudentaumel wacht.

Meine Hände wissen nicht mehr,
Wie sie Stift und Tinte meiden.
Denn sie wollen immerzu,
Dir deine Gedichte schreiben.

Und mein Puls geht viel zu schnell,
Musiziert im Dreiertakt.
Meine Seele ist schon längst
Tief in sanftes Licht verpackt,

Eines bleibt ihr nun zum halten,
Dass du balde wieder bist.
Hier, an meiner schwachen Seite,
Die dich jeden Tag vermisst.

Weil du

Du bist der Diamant der Nacht.
Zu schön, um jemals wahr zu sein.
Du bist an einem Frühlingstag erwacht,
Meine Seele und mein Herz sind allein dein.

Weil du deinen Lebensweg nicht gehst, du rennst.
Und weil du in die Morgensonne fliegst.
Weil du bis zum letzten Ende kämpfst,
Auch wenn du schon am Boden liegst.

Du bist die Erde in blasser Gestalt.
Betörst all die Geister, die wir riefen.
Raubst jedem Wirbelsturm den Schlaf,
Schenkst Land und Meer der weiten Tiefen.

Weil du Angst und Hass nicht lebst, du liebst.
Und weil du mit den Sternen brennst.
Weil du reglos deine Zeit genießt
Und dauerhaft an Wunder grenzt.

Du bist der Mond im Wasserglas.
Spiegelst Hoffnung des Zerbrechens.
Verscheuchst mit Lächeln all den Gram,
Begründest leicht das Gold des Sprechens

Weil du die Fluten nicht fürchtest, du schwimmst.
Und weil du schwebend mit den Wellen gehst.
Weil du das hier ernst und klar begreifst
Und weil du für dein Handeln stehst.

Mit aller Freude

Hilflos nun versinke ich hier,
Im Tiefsten meiner Seele.
Weiß genau, du bist es
Nach der ich mich so sehne.

Du kannst mich lieben.
Bitte lieb' mich.

Ich würde dich auch auf Händen tragen
Und dich halten, Nacht für Nacht.
Jeder Wunsch, groß und klein,
Wäre erfüllt, bevor gedacht.

Du kannst mich brechen,
Bitte breche mich.

Heil mich dann, so ewig nah;
Erschüttere mein seichtes Herz.
Liebste, ich bin immer da!
Ehre dich! Liebe dich!

Mit aller Freude,
Allem Schmerz.

Libellen

Du bist die Liebe meines Lebens.
Ich weiß auch nicht genau,
Warum ich so empfinde.
Es gibt tausend gute Gründe

Mit deinen ungreifbar blauen Augen
Verzauberst du mich gar.
Lebst Leichtigkeit in mein Herz.
Bist das schönste, was ich jemals sah.

Immer beschwingt ist dein Tagewerk,
Bekommst einfach nicht genug vom Leben.
Vermittelst Sicherheit rundherum,
Was würd' ich nicht alles für dich geben.

Unmenschlich stark berührst du mich.
Du gibst mir Hoffnung, gibst mir Kraft.
Ohne deine stumme, tiefe Liebe
Hätte ich vieles nicht geschafft.

Du bist einzigartig, dein Geist wunderschön;
Spricht man von Liebe, so scheinst du verzückt.
Scheinst aus tausend Libellen zu bestehen.
Bist gleichzeitig besonnen und kindlich verrückt.

Alles Gute dieser Welt verbindet sich zu dir.
Du bist Feuer, Wind und Eis zugleich.
Dein Lächeln so sanft wie Feenstaub,
In deinen Armen liegt man herrlich weich.

Ich verspreche dir, dass ich bei dir bleibe,
Weil ich dich beschützen will.
Selbst wenn die Welt vergehen sollte,
Ich kämpfe um dich, ich halte nicht still,

Du erleuchtest mein Herz, bist mein Sinn.
Das große Warum erübrigt sich.
Weil ich bei dir einfach glücklich bin
Und wenn ich sterbe, dann für dich.

Süße Zeit

Die Zeiten waren trübe,
Die Blicke waren leer.
Doch einer war, der träumte
Und fühlte ach so sehr.

Ließ Vernunft verhungern,
Entdeckte eine Kraft,
Die aus trocken Worten
Sturm und Drang gemacht.

So, dass auch am Ende
Zärtlichkeit dann siegte.
Es war die süße Zeit,
Als Johann Lotte liebte

Regenbogenliebe

Du und ich, sanfte Nacht;
Folgende der Triebe.
Du und ich, Frau und Frau;
Regenbogenliebe.

Bunte Bande weben,
Miteinander schweigen,
Ungestüm verleben,
Süße Qualen leiden.

Du und ich, wunderschön;
Sieh uns und erliege.
Du und ich, Frau und Frau;
Regenbogenliebe.

Vertrauen
Kann ich mich zu leben trauen?
In einer Zeit, wie dieser hier?
Ja, ich kenne das Vertrauen,
Doch vertraue ich nur dir.

Lass uns einfach einmal fliehen.
In die Welt, sie kommt danach.
Ich bin sicher, dass sie gleicht;
Einer lauen Sommernacht.

Dass sie uns begleiten will.
Auf den Wegen, die wir gehen.
Ich schwöre dir, wir werden sie
Bald mit andern Augen sehen.

Ich sehe, wie du dich verschließt.
Deine Augen sagen Nein.
Doch dann gibst du nach und fällst
Tief in meine Arme rein.

Brichst sie mir in kleine Splitter.
Doch ich lasse dich nicht los.
Hebe dich ganz sacht empor.
Meine Liebe ist so groß.

Lege dich auf kühles Gras,
Und die Sterne leuchten dir.
Ich kann mich zu leben trauen
In einer Zeit, wie dieser hier.

Nie Zu Zweit

Du bist so wunderschön,
Ich könnt dich jeden Tag
In meinen Armen halten.
Nur, weil ich dich mag.

Weil deine Güte strahlt,
Du heller Sommermorgen.
Du laue Frühlingsnacht,
Ich hab mich in dir verloren.

Gewöhne mich niemals
An deine Herrlichkeit,
Weil du die Schönheit selber bist,
Ich will uns ganz zu zweit.

Du süßeste Versuchung,
Du engelsgleiche Fee.
Lässt Seelen hell erleuchten
Wie Blumen tief im Schnee.

Ich kann dich nicht begreifen,
Das ist mein Todesstoß.
Du bist die Königin der Sterne
Und ich dein Chancenlos.

Egal was auch passieren mag,
Ob meine Liebe dir gefällt.
Du bist und bleibst so wunderbar
Und ich die Glücklichste der Welt.

Licht
Mein Herz so stark dem Himmel schlägt,
Mit neuer Kraft und neuem Glanz.
Denn wenn der Tod an Toren sägt,
Heilen deine Zeilen ganz.

Treiben mich in Glückes Licht!
Nichts wagt mehr mich zu verzagen.
Ich weiß, ich verdien' es nicht,
Dich nach deinem Wort zu fragen.

Doch ich bin so forsch und kühn,
Da nur dieses Leben bleibt.
Ein Zweites ist uns nicht gegeben,
Nur durch das, was man so schreibt.

Nur durch neue, junge Seelen,
Die in Zeilen Hoffnung finden;
Die wir schreiben und erzählen,
Bevor wir irgendwann erblinden.

Drum entzücke heut' den Geist,
Der gegeben dir und mir.
Damit wir endlich ewig leben,
Am Ende sind und fallen wir.

Fallen in die große Tiefe,
Die von Anfang an bestellt.
Von uns bleiben leise Worte,
Unser Erbe an die Welt.

Erkenntnis

Die Erkenntnis zu leben, nicht zu fliegen;
Doch zu atmen und oft zu lieben;
Schleicht sich suchend in mein Leben.
Führt zu dir, auf allen Wegen.

Und dann dein sanfter Atemhauch,
Aus dem du meine Welt erbaust.
Doch du kennst dich selber nicht
Und hast da Angst wo Licht erlischt.

Doch deine Stimme gibt dein Wort.
Das gleiche Spiel, der zweite Ort.
Und sieh uns beide, wie wir lieben.
Die Erkenntnis, doch zu fliegen.

Du bist so schön in diesem Kleid.
Dieser Schwur, der immer bleibt.
Du bleibst mein sanfter Atemhauch,
Aus dem sich meine Welt erbaut.

Entscheiden

Liebe heißt Entscheidung,
Entscheidung heißt verstehen.
Verstehen heißt entscheiden,
Entscheiden zeigt zu sehen.

Sehen heißt Verantwortung,
Verantwortung heißt Macht.
Macht, das heißt verantworten,
Worüber Liebe lacht.

Erstmals

Der erste Kuss im Regen,
Zum ersten Mal beseelt,
Erstmals Schmetterlinge,
Erstlich leicht verliebt.

Du und deine Augen,
Unergründlich innig.
Surreale Leitinstanz,
Seltsam hintersinnig.

Neue Welt erschaffen,
Tief im Innern frei.
Erstes Mal verlassen,
Erster Schmerzensschrei.

Um Vergebung bittend,
Stetig unerhört.
Augen voller Funken,
Ungläubig empört.

Entschuldigungen tönen
Gegen Widerstand,
Zum ersten mal verzeihen,
Glück liegt in der Hand.

Am Ende doch das Ende,
Trotzdem Freunde bleiben.
Damit fertig werden,
Bereit für neue Leiden.

Begegnung

Tief erschüttert,
Stumm erstaunt,
Deine Echtheit,
Dein Talent.

Hab geglaubt,
Dass keiner ist,
Der meiner Seele
Worte kennt.

Ich danke dir,
Du hast mir sicher
Deine Seele
Aufgetan.

Und schon bald,
Um so zu dichten
Sehen wir uns
Wieder dann.

Abschied

Du winkst mir den Abschied,
Lächelst mir zu.
Umhüllst mich sanft mit dir.
Weil ich genüge,
Weil ich okay bin.
Bei dir.

Begreifen

Deine Haut zu küssen,
Deinen Atem zu atmen.
Dich so zu erfassen
Und nicht mehr zu hadern.

Das Größte der Geschenke
Wurde mir gemacht.
Wir haben uns vereinigt
In dunkler Winternacht.

Jede Zelle bebt in mir,
Deine Augen sprechen Bände.
Und du hältst ganz sachte
Meine zitternden Hände.

Wir begreifen uns
Und schweben sanft dahin.
Bis ich, so wie du,
Endlich angekommen bin.

Ich halte dich fest,
So verschwommen und sacht.
Wir haben uns vereinigt
In dunkler Winternacht.

Und so lange wir so sind,
So lange will ich bleiben.
Deinen Herzschlag hören
Und deine Tränen weinen.

Wort und Bild

Kaum gekannt und schon verliebt.
Das Herz so jung und brennend ist.
Nicht geahnt, dass so was geht.
Sieh, es hat mich voll erwischt.

Diese Frau mit diesen Augen,
Alles in mir reich und rot.
Kann das alles noch nicht glauben.
Euphorie, mein Anti-Tod.

Mein Herz bei jeder ihrer Zeilen,
Bis hinauf zum Himmel schlägt.
Will hundert Jahre so verweilen,
Bis dieses Gefühl vergeht.

Denn sie ist der sanfte Engel,
Der mir Wort und Bild geschickt.
Habe sie noch nie gesehen,
Und sie hat mich schon verzückt.

Nur noch ein paar lange Tage,
Dann kommt sie in meine Stadt.
Ich werd' sie sehen und ihr zeigen,
Was sie mir gegeben hat.

Edelweiß

Du tanzt so schön, du zitterst stark.
Du bist mein sanftes Edelweiß,
Und blühst nur in der Nacht.
Bist so stark und schön
Erwacht.

An Nietzsche
Ich seh' auf dich und sehe
Nur das, was wir vermuten.
„Ich schau auf dich und lasse still
Mein sehnend Herz verbluten."

Die Welt erfriert im Taumel,
Zerspringt danach zu Eis.
Und meine Augen schließen
Aus dir den Lebenskreis.

Du fließt dahin, so einsam.
Es bleibt ein Hauch von dir.
„Man hat mein Herz begraben,
Und niemand fragt nach mir."

Es regnet meine Seele,
Bringt mich um den Schlaf.
In meinem Kopf der Wahnsinn,
Sucht nach dem Bedarf.

Ich lese dich und will nur fliehen;
In meine Welt, so weit hinaus.
„Den Wogen zu, dem Grabe zu!
Mein Herz ist schwer, mein Freud ist aus."

Ein Vergnügen, eine Ehre.
Eine Sache von Gewicht.
Ich schreibe hier, im Freudentaumel,
Schwer dein Wort in mein Gedicht.

Lass uns

Lass uns einen Moment schweigen,
Uns der Hektik auch verweigern;
Lass die Sonne ihre Schönheit zeigen,
Und uns Zärtlichkeit ersteigern.

Lass und leben, lieben, lachen.
Lass uns Abends erst erwachen.
Lass uns ach so leise flehen,
Miteinander stumm vergehen.

Lass und alles was wir fühlen
Auf Papier und Wände schreiben.
Lass und finden, wer wir sind;
Bis auch ich verloren bin.

Lass uns gemeinsam alt werden,
Lass uns dann gemeinsam sterben.
Denn wir werden wie der Wind.
Und unsere Kinder werden Erben.

Dem Irdischen

Erbarme dich, erschaffe hier
Seelen voll von Leben.
Sieh, wie sie mit Milde
Blumenkränze weben.

Gebe Heilung heute dann
Dem Irdischen, der Liebe.
Sie erschafft die Wehmut und
Ist des Menschen Wiege.

Ein Herz
Hundert Gedichte
Geschrieben für dich.
Tausend Tode
Gestorben im Licht.

Millionen Gedanken
Verloren im Schein.
Milliarden Wünsche
Für immer allein.

Ein kleines Herz
Trotzt dem Verstand.
Fünf Finger bilden
Zur Faust eine Hand.

Sechzig Sekunden
Sehnsucht nach dir.
Achtzig Gebete
Auf dünnem Papier.

Billionen Sterne
Nach dir benannt.
Billiarden Kristalle
In Stürmen erkannt.

Trillionen von Leben
Dem Tode entgegen.
Unendlich viel Liebe
Will ich dir geben.

Jana

Wunderschön das Landschaftsbild.
Hört nur, wie die Amsel singt.
Der Gedanke an dich wild
Bis hinauf zum Himmel dringt.

Deiner Seele starke Freiheit
Hat von mir Besitz ergriffen.
Hat mich von Bescheidenheit
Und von Wehmut fortgerissen.

Legtest mich in liebe Arme
Der allmächtigen Natur.
Sieh, es ist die eine Frage
Anfang allen Redens nur.

Darum fing ich Schweigen an.
Kann auch gar nicht sagen was
An Verwirrung hast getan,
Weil kein Wort es klar umfasst.

Jana, bist schon lange da,
Aber auch zu oft weit fort.
Sagst so gnadenlos die Wahrheit
Bis aufs allerletzte Wort.

Und ich weiß so sicher, dass
Du weder Fluch noch Segen bist.
Denn du bringst mir keine Last
Und auch nicht, was ich vermisst.

Frauenliebe

Körper, die sich sanft verschlingen.
Seelen, die sich so erfahren.
Sich um den Verstand auch bringen.
Sich mit aller Kraft bewahren.

Frauenliebe ist ein Zauber,
Frauenliebe ist mein Glück.
Unter dem ich stark erschauder',
Will mein Herz nie mehr zurück.

Hatte nicht die Kraft zu sprechen,
Hatte nicht die Kraft zu gehen.
Doch du konntest Bände brechen
Und es war um mich geschehen.

Habe dich in meinen Armen
Still um den Verstand gebracht.
Kanntest mit mir kein Erbarmen,
Tief in dieser einen Nacht.

Da wir uns mit allen Freuden
Hoffnungsvollen Sturm bescherten
Und in Fantasiegebäuden
Frauenliebe staunen lehrten.

Deine Liebe lässt mich leben,
Hat mich hier ins Licht gestellt.
Will dir Sinn und Chance geben.
Alles, was dich ewig hält.

Neue Zeit

Der letzte Sonnenschein des Abends
Lässt meine Gedanken strahlen.
Worte, Blitze, bunte Blüten
Auf das Gold der Straßen malen.

Schlag doch leiser, kleines Herz!
Du siehst sie schon balde wieder.
Und bis dahin schreibe weiter
Deine hoffnungsvollen Lieder.

Wunderbar im Licht gefangen,
Ich will nie mehr weg von hier.
Sie führt mich auf sanften Wegen
Weg von Zweifeln, hin zu mir.

Neue Zeit ist angebrochen,
Wie mein Herz sich doch verzehrt!
Sie ist jetzt der eine Mensch,
Der mir Sinn und Staunen lehrt.

Fremde Augen

Wie sehn' ich mich nach dieser Frau,
Die mir in den Armen liegt,
Die mich Nachts ins Schlafen wiegt,
Die mich kennt, so schön genau.

Ach, wie gerne läge ich
Abends nicht alleine da.
Träume, regellos und klar
Erfüllten endlich auch mal sich.

Sieh, wie unglaublich befangen
Ich mein Leben stets begehe.
Ich in fremde Augen sehe,
Um den Frieden zu erlangen.

Und die Turmuhr schlägt nachts drei
Und ich bin so wach und müde.
Ich weiß, dass ich es ertrüge,
Wären wir nur endlich zwei.

Porzellan
Auch wenn Winde stürmen;
Ich bleibe ruhig und sehe
Dich in meinem Geiste.
Spür', wie ich verwehe.

Du bist der Kosmos, Energie.
Schatten unter Bäumen.
Meine Licht-Philosophie,
Bei dir wag' ich zu träumen.

Leben auf den toten Straßen.
Du gibst alles, schön und stumm.
Und du drehst mit jedem Male
Schwere Angst in Hoffnung um.

Gehe deinen Lebensweg
Mit mir und lass mich verstehen
Warum bei dir all die Momente
Rein aus Porzellan bestehen.

Dichtung und du
Lass dich nicht hindern,
Leb' deinen Drang.
Stürme erwachsen
Im Zittergesang.

Ich bin hier und warte
Und bleibe, immerzu.
Die Zeit verlebt sich,
Es bleiben Dichtung und du.

Ich lasse sie leben,
Denn welken darf nie
Die Gabe zu hören
Die Weltsymphonie.

Warm
Regen stürzt auf Wald und Flur,
Tränen mischen mit dabei.
Ach, du launige Natur!
Ach, wie gerne wär' ich frei.

Ich denke so, dann kommst du her
Und nimmst mich in deinen Arm.
Und mein Herz ist nicht mehr schwer,
Meine Brust wird weich und warm.

Und ich fühle mich so stark.
Und ich kenne nur noch Licht.
Das an jedem schönen Tag
Sanft durch grüne Bäume bricht.

Liebste

Liebste, es ist kalt hier.
Ich kann nichts mehr sehen.
Keinen Schritt mehr gehen.
Sehne mich zu sehr nach dir.

Weißt du noch, der eine Tag?
Ich lag neben dir und schwieg.
Hielt dich in den Armen lieb.
Sagte dir, dass ich dich mag.

Und du lächeltest mich an,
Küsstest sanft dann meine Lippen.
All das Flehen, all das Bitten
Glaubten endlich auch mal dran.

Meine Hand auf deinem Bauch.
Und du sagtest lieblich „ja"
Und die Träume wurden wahr
Und die ganzen Wünsche auch.

Wir verschwammen kurz im Glück.
All das Leid, es war vergessen.
Von dir ganz und gar besessen,
Wollte ich nie mehr zurück.

Liebste, mir ist endlich warm!
Du bist bald schon wieder da
Und die ganze Engelsschar
Nimmt uns dann in ihren Arm.

Für dich beben
Der Tag ist grau und müde,
Die Gesichter leer.
Erschrecken sich in Spiegeln,
Kein Vogel singt hier mehr.

Verwandelte Planeten
Umschwärmen meinen Kopf,
Wie eine tote Sonne
Im Krankenhaus am Tropf.

Und Ewigkeiten bleiben
Düster und verwirrt.
Ich merke, dass der Regen
Sich in die Welt verirrt.

Doch dann seh' ich zum Fenster
Und denke nur an dich.
Und die Welt verwandelt;
Schwebt hin fort, erleuchtet sich.

Ich denke an dein Lächeln
Und an deine Worte
Und alle meine Sinne
Suchen neue Orte.

Dich erfassen, immerzu
Ist mir nicht gegeben.
Doch mein Herz wird sicherlich
Immer für dich beben.

Von Zeit zur Zeit
Ja, ich will dich sehen.
Will dich stumm verstehen.
Ohne jede Gnade
Neben dir vergehen.

Von Zeit zu Zeit
Bergreife ich,
Dass du bist.
Erfasse dich.

Erkenne mich.

Lauf
Lauf, lauf weiter
In mein Herz.
Stimme es heiter.

Gehe munter
Tief im Schmerz
Mit mir unter.

Freue dich!
Der Wind ist da,
Gipfelt sich.

Ich bin dir
Jetzt so nah.
Bleibst du hier?

Meine Lieder
Ich hoffe du verzeihst mir,
Wenn ich dir jetzt sage,
Dass ich dich für immer
In Gedanken trage.

Sähst du doch mein Sehnen,
Jede lange Nacht.
Wie ich, ach so ruhelos
Die Einsamkeit verbracht.

Und bist du all zu lange weg,
Ich bin doch bei dir!
Bist du doch zu jeder Zeit
Im Sinne nur noch hier.

Robin, meine kleine Welt
Bringst du oft zum wanken.
Komm, lass mich für immer
Tief in Freude schwanken.

Lass mich dich erleben,
Immerzu mein Herz verleiden.
Auch wenn du in Ferne bist,
Ich bin hier und werde schreiben.

Meine Lieder, deinen Segen.
Auf bald, auf bald, o liebe Seele!
Bald wirst du mir wieder lächeln.
Mir verschönern, alle Wege.

Flügel
Lass mich dir versichern,
Du bist nie allein.
Tief im Mondenschein
Werde ich dich halten.

Mehr als jede Sonne
Scheinst du in mein Herz.
Welche süße Wonne
Und welch süßer Schmerz.

Flieder lass ich blühen,
Dass du an mich denkst.
Werde mich bemühen,
Weil du Flügel schenkst.

Einen Sinn
Fülle meine Nacht mit Leben,
Gib den Liedern einen Sinn.
Ich denke jede kleine Stunde
Nur an dich und leb' dahin.

Rede mir die Illusionen
Ach so richtig, ach so gut.
Du gabst mir in den Momenten
Sture Kraft und Lebensmut.

Stück für Stück will ich erblassen,
Neben dir und dann vergehen.
Und für dich, und für uns
Mein Gesicht zur Sonne drehen.

Kennst du das?

Kennst du das, wenn
Tausend Blätter
Im Herbst
In deine Hand verwehen?

Und wenn du
Ganz und gar versonnen
Und traurig
Aus dem Fenster siehst?

Kennst du das,
Wenn alles dir
Mit einem Mal
So richtig scheint?

Und wenn du
Einfach so und stetig
Und klar
In deine Hände weinst?

Ich weiß nicht,
Ob du so was kennst.
Ja, ob auch dein Herz
Schweigsam ist.

Doch Eins weiß ich,
Dass alles hier
So unglaublich
Vergänglich ist.

Und Seelen toben
In unseren Augen

Und machen uns
Dem Himmel gleich.

Ich weiß nicht,
Ob du so was kennst,
Wenn Engel dir
Die Hände reichen.

Wenn Sehnsuchtstropfen
Deine Haut
Benetzen und du dann
Vergehst.

Und kennst du das
Wenn Farben kreisen
Und wenn der Mond
Vor Sternen fleht?

Und wenn du so was
Gar nicht kennst
So werde ich dich
Trotzdem lieben.

Nur wenn du vielleicht
Doch so fühlst
Wird meine Liebe
Nie versiegen.

Die dunkle Liebe

Blonder Atemzug
Du machst mich ganz verlegen,
Denn du lebst so begeistert.
Ich doch lebe, wie ich liebe!
So kurz und so verzweifelt.

Verliere mich, wenn ich dich sehe.
Bleibe stark auf meiner Reise.
Dein Lächeln, unter dem ich breche,
So verzweifelt und so leise.

Schreie in den Nachtwind raus.
Deine Leichtigkeit, sie tötet mich.
Vertrage deine Güte nicht,
So leise und so ehrlich.

Erkenne nicht mehr, wo ich stehe.
Lebe mit mir, in mir schwarz.
Dann du, mein blonder Atemzug,
So ehrlich und so klar.

Erlebe das so schrecklich nah.
Ich blute, einfach so für dich.
Am Ende Fehler, Tage weinen,
So klar, so viel, so bitterlich.

Meistens
Meistens ist es nicht
Schlimmer als du,
Wenn du traurig bist
Und dich vergisst.

Verbotene Liebe

Ich weiß doch auch, ich dürfte nicht
Dich ersehnen und begehren,
Doch du sanftes Sonnenlicht
Lässt mich dich so stark verehren.

Deines Lächelns Zaubermacht
Hat sich in mein Herz geschlichen
Und ich würde, forsch gedacht,
So gerne deine Lippen küssen.

Würde deine Hände halten,
Mich an deinen Busen lehnen,
Würde da im Glück verweilen
Und ein Ende hätt' das Sehnen!

Ich weiß auch, ich dürfte nicht,
Dich in meine Seele schließen.
Dir nicht schreiben dies Gedicht,
Deinen Anblick nicht genießen.

Denn sie können nicht verstehen,
Dass das Alter nicht entscheidet,
Was mir möglich ist zu sehen
Und was meine Liebe leitet.

Deine Weisheit, deine Güte;
Ist was mich so fasziniert.
Bist in deines Lebens Blüte,
Da ist nichts, was sich geniert.

Und es darf doch niemand wissen,
Was ich still für dich empfinde.

Sie sind voll von dem Gewissen,
Was die Liebe zählt zur Sünde.

Sie sind voll von der Moral,
Die mich ewig leiden lässt.
Ja, die bitter-süße Qual
Gibt mir täglich meinen Rest.

Würde ich doch gerne sagen;
Dir, was ich im Herzen trage.
Doch würde ich dich heute fragen,
Verschlimmerte sich meine Lage.

Und würdest du mich doch erhören,
Wir wären schnell verschrieen hier.
Weil sich die Grenzen so gehören,
Denn der Mensch wird sonst zum Tier.

Denn der Mensch versteht noch nicht,
Dass Liebe nicht das Alter kennt
Und dass alles sich ermöglicht,
Was Liebe lebt und fühlend denkt.

Dass es um des Himmels Willen,
Nicht mein Fluch, nur Segen ist.
Dass Gefühle Nachts im Stillen
Mir doch zeigten, wer du bist.

Dass ich immer bleiben werde
Ein Geschöpf, genau wie sie.
Und sie hassen, doch die Erde
Erreicht doch ihre Grenzen nie.

Wiedersehen

Nun bist du weg, auf nach Berlin.
Werden wir uns wiedersehen?
Vergiss mich bitte nicht,
Du fehlst mir doch schon jetzt.

O, du bist zu früh gegangen.
Ich wäre dir ja gefolgt.
Wollte ich doch eh dorthin,
Nur heute bin ich noch nicht bereit.

Bitte bleibe dort, in Berlin.
Dann werden wir uns wiedersehen.
Dann werde ich bald schon kommen
Und für immer bleiben.

Da auch die dickste Träne trocknet,
Da auch der stärkste Schmerz versiegt;
Werde ich mich für dich freuen können,
Irgendwann bestimmt.

Wegen dir

Ich verzichte auf das Geld!
Verloren Neid und Gier.
Es bleibt nur die Trauer
Und alles wegen dir.

Waren unzerbrechlich,
Haben uns geliebt.
Alles so genommen,
Was mit uns geschieht.

Doch du bist gegangen,
Einfach so und still.
Und jetzt bin ich hilflos.
Weiß nicht, was ich will.

Die Welt war klein und gut,
Da waren doch nur wir!
Heute will ich sterben
Und alles wegen dir.

Julian
Schaust so traurig in den Himmel
Mit geschlossen lieben Augen.
Wiegst dich sanft im Takt der Töne,
Als könntest du dem Lied nicht glauben.

Sonnenglanz erweckt dein Lächeln,
Das von Restschmerz fest gezeichnet.
Klar, die Zukunft schwimmt im Blick,
Doch das Wissen sie begleitet.

Ja, er hat dich ganz verlassen
Und da bleibt sein Sinn und Wort.
Doch du darfst nicht stehen bleiben.
Kämpfe weiter, lebe fort!

Sieh, ich kannte dich schon vorher.
Deine Milde, dein Erstreben.
Und ich kannte dich nicht gut,
Doch fühlte ich ein frohes Leben.

Und ich spürte ein Talent,
Fühle es noch immer hier.
Versinke nicht in deiner Trauer!
Diese Welt gehört auch dir!

Und sie wartet auf den Tag,
An dem du sie für dich beginnst.
Bis du voll von Euphorie
Ihren schönsten Berg erklimmst.

Ja, dein Blick, er wandert weiter;
Fliegt zum Himmel hoch empor.
Erweckt in mir den Traum von Freundschaft,
Da auch ich mich stumm verlor.

Leere Hüllen

Wir gehen leis', es folgen stumm
Jahre ohne Worte.
Wir reden nicht und wünschen stumm
Uns an ferne Orte.

Träume weht der Wind hinweg,
Leicht wie Seifenblasen.
Es bleibt der Kummer, bleibt der Schreck
Und sinnlos leere Phrasen.

Begehe mit mir Seelenmord,
Wir bleiben leere Hüllen.
Und kein Erlebnis schafft es mehr
Sie je wieder zu füllen.

Geh nicht

Dann warst du weg,
Ich hab geweint.
„Okay" gesagt,
„Geh nicht" gemeint.

Und weißt du noch?
Die Winternacht?
Du hast erzählt,
Ich hab gelacht.

Du strahltest laut
Als hellster Schein
In alle Herzen
Schön hinein.

Dann sagtest du,
Du gehst schon bald.
Auf nach Berlin
Und seist bereit.

Der Traum zerriss
Von heiler Welt.
Verbrannte Liebe,
Haus und Feld.

„Geh nicht", das wär'
Ein falsches Wort.
Geh, finde Glück!
Am andern Ort.

Ich will dich
Über all den Dächern
Ist nun Trug und Still
Und ich sehe Wolken;
Sehe, was ich will.

Ich will dich!
Mit allem hier.
Still die Schmerzen!
Gib sie mir.

Tōt' mich, leb' mich,
Zu bestrebt.
Streichle, tritt mich.
Gib, was geht.

Fünfzehn Stunden
Unterwegs.
Werd' nicht jünger,
Keineswegs.

Seh, Steh! Ha!
Erschrecke mich.
Fege Trauma
Untern' Tisch.

Fick mich, geh!
Der letzte Streit.
Du schenkst mir
Die Einsamkeit.

Ein Wort

Rede nicht ein Wort,
Bitte bleib da.
Du musst nichts sagen,
Alles ist klar.

Bleibe ganz still.
Sprich stumm dein Gebet.
Du musst schon bald gehen.
Weißt nicht, wie das geht.

Dein Tod ist so nah,
Verbiete Angst diesen Ort.
Sieh nur was war.

Wenn du in die Stille fliegst,
Bitte sprich ein Wort.
Sag, dass du mich liebst.

Vielleicht

Vielleicht ist unser Abschied
Wie das Samenkorn einer Rose,
Das des Nachts auf das dunkle Grabe fällt.

Vielleicht wird etwas wachsen,
Vielleicht werden wir gedeihen.

Vielleicht erscheint bald die Welt,
Als kleiner Tautropfen auf der Rose,
Die auf dem Grabe blüht.

Vielleicht.

Ich vermisse dich

Dich zu missen ist hart,
Dich zu missen ist schwer.
Ich kam von fern
Einen weiten Weg hierher.

Ich lebte damals noch
Für den Traum vom Licht,
Doch ab heute lebe ich
Einfach nur für dich.

Denn die Zeiten änderten sich
Und ich änderte mich mit,
Da die Welt so freudig erklang
Während ich so litt.

Nur du warst immer für mich da,
Reichtest mir die Hand.
Dass ich mich nicht aufgab,
Meine Liebe ist mein Dank.

Doch nun bist du fortgegangen
Und hast mir nichts gesagt.
Werde ich das überstehen?
Da bin ich überfragt.

Doch ich werde auf dich warten
Und dann ewig bleiben,
An dem schönsten Ort der Welt,
An deiner starken Seite.

Leise Sterben

Dein Schattenbild erwählt die Wand,
Erstreckt sich dort zum Wimpernschlag.
Lässt Stürme toben, ist viel mehr
Als meine Hand erkennen mag.

Ich fühl' uns, doch mein gutes Herz
Schlägt und streitet nur für sich;
Und doch ist alles, was ich tue
Still und heimlich nur für dich.

Und wäre dieser kalte Ort hier
Das Zeichen unser Ewigkeit,
So müsste ich wohl leise sterben.
Denn schwer wiegt unsere Zeit.

Du Regnest

Wenn ich sehe, wie du regnest
Auf deine Welt und du verdampfst.
Wenn ich spüre, wie du lebst,
Einfach in den Tag hinein.

Wenn ich denke, wie du leuchtest
Und Gold und Diamanten neiden.
Wenn ich bin, wie du lächelst
Und alles wird auf einmal klar.

Mein Herz fängt an zu bluten,
Als wäre da noch Leben.
Erstickt mich in der Not,
Die du doch einmal nahmst.

Und ist die Welt verzweifelt,
Die Wolken ohne Bilder,
Werd' ich ein bisschen traurig
Und sterb' vielleicht daran.

Dein Gesicht im Rahmen
An der weißen Wand
Scheint mir so vergänglich,
Die Zeit rennt jeden Tag.

Und da sag noch einer,
Leben wär nicht einfach.
Ich lebe und dann sterbe ich,
Am liebsten ja für dich.

Dein Fehlen
Die Luft ist dünn und wie aus Eis.
Ich weiß nicht viel, nur dass ich weiß:

Dein Fehlen lässt meinen Leib erzittern,
Die Hoffnung trocknet aus.

Lässt jeder um mich herum verbittern!
Meine Seele will zu dir,

Nach Haus.

Gehen
Sieh die grauen
Rosenblätter auf
Meiner Hand.
In meinen Welten.
Du wirst gehen,
Lässt mich hier.

Weit, so weit,
Auf nach Ami-Land.
Reden ist zwecklos.

Ich habe gehört,
Du freust dich sehr.
Ab heute gibt
Es keinen mehr,
Der dich noch
Hält.

Ich auch nicht.
Es bleibt zu sagen,
See you!

Stress
Versprich mir,
Dass du wiederkommst.
Mich nicht allein lässt
In dem Stress,
Den dein Fehlen
Mich leiden lässt.

Time

There is no time for getting clear,
Everybody is crying here.
Cause you and you heart were gone.
Now the world is all alone.

Our love was everywhere,
On the ground and in the air.
Now I hate the breaths I take
And the hours I'm awake.

Your death breaks my heart in two
And I don't know what to do.
But I hope you'll rest in peace
And I will learn to live with it.

I will

Tell me why
I can't let you go,
Love makes you blind
And I feel it now.

You were so strong,
But your body got ill
And I have to stay.
I promise I will.

When my time is over,
I will see you again.
We will share the world
And be happy then.

Auf Umwegen

Ach, wenn es doch nur Liebe wär,
Alles wär dann einfacher.
Doch es ist was stärkeres,
Größer als jemals.

Dieses Gefühl – Verbundenheit.
Von der tiefsten Nähe.
Von so großer Einigkeit,
Ist das, was ich so fühle.

Wie sehr ich mich doch sehne,
Weil du entschlossen leuchtest,
Schöner als der Morgen,
Es wär dir selbst zu viel.

Und wie ich mich verzehre,
Wie ich dir abends denke
Und wie ich dich erwählte
Als Größtes auf der Welt.

Und wie ich dann erlernte,
Dich dann zu vermissen.
So voller Schmerz und Unlust.
Vielleicht ist es doch Liebe.

Bis ich sterbe

Dich lieben bis ich sterbe?
Nein, das kann ich nicht!
Kann nicht aufhören dich zu lieben,
Wenn der Tod mich küsst.

Leben irgendwann

Eine Ahnung flammte auf,
In mir wie Gesang.
Fortan träumte ich vom Leben,
Vom Leben irgendwann.

Strahlten auch die Sterne,
Sanft mir ins Gemüt.
Alles wird so leicht um mich,
Ach, wie die Seele fliegt!

Regentropfen auf den Liedern
In der stillen Nacht,
Erwecken auch die Tränen wieder
Und der Kummer lacht.

Und wähne ich auch wieder Glück,
So muss ich doch verstehen.
Ohne dich werde ich
Auf anderen Wegen gehen.

Übermacht

Ich mag, wie du mich ansiehst.
Ich mag, dass du verstehst.
Dass du ohne Weitsicht,
Deine Wege gehst.

Du kannst so lieblich seufzen.
Lächelnd schmollen, Übermacht.
Mich ängstet es, wenn du zitterst;
In meinen Armen, in der Nacht.

Würde nur...
Führtest du mich auf den rechten Weg,
Stritt ich nicht mehr länger.
Schritt ich aufrecht, bis nichts mehr geht
Und wäre ich ein großer Sänger.

Hätt' ich tausend Wünsche gut,
Wär ich stolz und frei.
Verließe mich auch nie der Mut,
Könnt' ich nur noch sein.

Läge ich im nassen Gras,
Schlief Tau auf Augenlidern.
Hörte ich den Lichterklang,
Fiele ich lachend immer wieder.

Gäbe es Euphorie in Flaschen gefüllt,
Könntet ihr zuhören stundenlang,
Wären Momente in Watte gehüllt,
Hätte ich einen festen, aufrechten Gang.

Ja wäre alles so,
Und hätte ich was zu tun,
Verzweifelte ich nicht mehr
Und ließe dich in ruhe.

Spurlos
Mein Name entfällt dir,
Dein Lächeln versiegt.
Tränen in meinen Augen,
Denn ich hatte dich lieb.

Wissen

Wissen ist doch nur ein Freund
Von dem, der Wissen leben lernt.
Ich wusste, was ich wissen musste;
Doch was ich wusste war verkehrt.

Ich wusste, dass ich glücklich war.
Gab dieses Wissen dem verstand.
Dass er daraus die Schuld gebar
Und Glück verging in meiner Hand.

Ich wusste auch, dass ich dich liebte.
Doch was ich weiß vergeudet sich.
Drum wusste ich der Liebe wegen,
Dass Beides so vergänglich ist.

Des Wissens größtes Ärgernis,
Es ist die große Weisheit und
Auch für die wahre Liebe ist
Wissen hohl und ungesund.

Differenzen

Mein Leben schläft in meiner Hand,
Doch du merkst die Not hier nicht.
Hast mir Mut nur aberkannt,
Um zu sehn, ich hasse Licht.

Differenzen sind so kühl,
Brennen sich in meine Haut.
Hast in dem Gefühlsgewühl
Feindschaft immer nur vertraut.

Doch mein Herz ist nicht dabei,
Wenn wir schreien, um zu leben.
Wünschte doch, ich wäre frei,
Um dir deinen Glanz zu geben.

Doch die Wolkendecke schweigt
Und schmiegt sich ins Tal der Stille,
Während jede Zelle schreit
Und es brechen Drang und Wille.

Sieh, wie meine Hand erschlafft,
Leben knallt auf harten Boden.
Leer ist meine ganze Kraft,
Während in mir Stürme toben.

Nur für mich

Muse, bist gegangen
Und nun steh' ich schwer
In meinen Gedanken,
Fall hinter dir her.

Lege deinen Staub
Vor mir auf die Erde.
Sehne mich ganz sachte,
Dass ich glücklich werde.

Dass ich funktioniere,
Endlich ohne dich.
Und ich weiter segle,
Und das nur für mich.

Das Ganze

Sieh mich an!
Sieh her, wo ich stehe.
Noch nie frei, nie geschafft
Mal das Ganze zu sehen.

Hab es versucht!
Meine Hände gebannt.
Wo soll man Frieden finden
In diesem Land?

Wo die Sonne nie scheint,
Lächeln erstickt.
Du siehst meine Tränen,
Ich sehe deinen Blick.

Im Gleichklang gelebt,
Atmen ab und zu.
Ungleiches Paar,
Sengender Fluch.

Lieben tut weh,
Leben auch.
Ringe tauschen,
Ewiger Brauch.

Die Sonne scheint höhnisch,
Lässt mich beben.
Ich sammle Rosen,
Um Stricke zu weben.

Sommergefühle
Die Sonne leuchtet, Lichter brechen;
Auch mein Herz entzwei.
Ich wage es gar nicht auszusprechen,
Gefühle sind mir neu.

Wer segnet meine Seele nun?
Wer gibt dem Wasser Glanz?
Die sternenklare Nacht erklingt
Im müden Zeitentanz.

Meer der toten Seelen
Komm, regne nicht so viel auf mich.
Ich weiß doch selber, wie das ist.
Wenn Träume weinen, über Betten,
Dolche hier im Herzen stecken.

Wenn Tränen in den Augen brennen,
Wünsche sich am Turm erhängen.
Weil sie uns töten, nach und nach.
Zahle Steuern, bleibe brav.

Im Meer der toten Seelen,
Die den Untergang nur wählen.
Ja, ich suche wer ich bin,
Doch verlier' dabei den Sinn.

Regne nicht so viel auf mich!
Tausend Tode sterben sich.
Tränke mit dem Dolch mein Blut.
Ich schwöre dir, es ist genug!

Einsamkeit

Lächle mir die Einsamkeit,
Im Leben gibt es falsche Wahlen.
All die Jahre tun mir Leid,
In denen wir die Zeit uns stahlen.

Es ist vorbei, wir sind gescheitert;
Zeiten haben sich verflossen.
Differenzen sich verbreitert,
Haben uns ins Aus geschossen.

Tränen stehen starr und ringen
Um den Atem, er liegt brach.
Will sie in die Knie zwingen
Und sie sterben, nach und nach.

Ohne sie erbebt die Luft,
Augen flehen wie Libellen.
Es verbleibt die tiefste Kluft.
Nächte, die sich nicht erhellen.

Worte, die kein Land mehr finden.
Seelenloses Erdgestein.
Liebesschwüre, die erblinden
Voller Hass und stummer Pein.

Regenbögen, schwarz und weiß.
Vergib mir, doch es ist verloren.
Viel zu dünn ist unser Eis,
Unser Licht ist eingefroren.

Spuren
Ich nehme die Verlebtheit
Aus deinem Gesicht,
Raus aus deinem Licht,
Gegen all dein Leid.

Deine Blicke schneiden
Mir in meine Hand.
Spuren tief im Sand
Werd' ich einverleiben.

Ich lasse deine Wut nicht
Über dich bestimmen.
Mit allen heilen Sinnen
Stell' ich mich der Pflicht.

Deine sieben Siegel,
Werde ich dir brechen.
Halte mein Versprechen
Hinter Schloss und Riegel.

Ich halte dich entschlossen
Ohne Nein und Wenn,
Ohne Weil und Denn,
Es hat dich verdrossen.

Deine kalten Hände
Werde ich dir wärmen,
Auch wenn Schreie lärmen
Sprech' ich gegen Wände.

Anna

Ich habe nun bestanden,
Mich selber überlebt.
Doch da bleibt das Fernweh,
Das langsam kommt und klebt.

Anna, ich ergebe mich!
Wie hast du das geschafft?
Dachte immer, ich wär stark.
Was hast du mit mir gemacht?

Anna, ich ergebe mich!
Komm' und stehe mit im Regen.
Ich will dir meine Welt dort zeigen,
Dir die ersten Küsse geben.

Anna, ich ertrag' es nicht!
Mein Gefühl im Busen drängt.
Meine Farben sind so so schmerzlich
In die graue Welt geklemmt.

Anna, ich ertrag' es nicht!
Du scheinst wie der Wind zu sein.
Blumen blühen nur für dich.
Ach, wie gerne wär ich dein!

Ich hatte doch bestanden!
Wusste, was belebt.
Doch nun hab' ich Angst davor,
Dass mein Licht vergeht.

Verzehrt

Immer weiter in die Wehmut
Lässt mein sicher Wort mich gehen,
Doch ich tu, als könnte ich,
Schlimmste Wolkenbilder drehen.

Während ich Symbole male,
Tief in meinem wehen Geiste,
Die dich mir beschreiben sollen,
Doch verwerfe ich das meiste.

Nein, ich kann es nicht verschmerzen,
Dass meine Hand nicht deine fasst.
Ich bin gerädert von der Sehnsucht
Und verzehrt von all der Hast.

Gehe, Anna, deine Wege,
Kümmere dich nicht um mich!
Bin nur ein verwirrter Zweifler,
Mein Gefühl erübrigt sich.

Lass mich hier, in meiner Welt,
Die mich jeden Tag entsetzt.
Denn ich brauche, was ich hasse.
Brauche das, was mich verletzt.

Und würde ich dich nicht so lieben,
So ließ' ich mich mit mir allein.
Doch ich wage auszubrechen,
Denn nur so werd' ich bald dein.

Augenblicke
Ich sah dich und wusste,
Du bist es.
Bist das, was ich suche
Und für das ich lebe.
Und ich wusste,
Ich würde sterben für dich.
Ich würde
Lachen und weinen
Und gehen
Wo immer du hingehst.

Ich sah dich und sehnte
Mich nach dir.
Nach deinen Lippen
Und nach deinem Herzen.
Und ich sehnte
Mich nach deinem Wort.
Mich nach
Augen und Blicken
Und Händen
Die mich für immer halten.

Ich sah dich und sah.
Was du hattest.
Den goldenen Ring
An dem Finger dafür.
Und ich sah
Die Zukunft, die ging.
Die Zukunft
Winken und weinen
Und gehen
Wo immer du hingehst.

Klare Sicht

Weiter, weiter, immer weiter;
Wohin des Weges weiß das Licht.
In mir drin ist alles dunkel,
Doch mein Herz hat klare Sicht.

Immer weiter, Gang und Gebe,
Bis ich schließlich bei dir bin.
Denn ich grub in allen Tiefen
Und verlor dabei den Sinn.

Bitte halt mich, bitte flehe
Mit dir und mit mir im Eis.
Denn Eines weiß ich sicherlich,
Das alles hier hat seinen Preis.

Muse

Die Angst vorm eigenen Schatten ist
Des Dichters aller größte Qual.
Und doch, in süßer Frühlingsnacht
Verschwindet sie mit einem mal.

Hinfort! In seiner Muse Arme.
Dort, wo sie dann so lange bleibt,
Bis Winter dann das Land erfährt
Und sie zurück zur Quelle eilt.

Und wär die Qual nicht bitterlich
Und würd' des Dichters Seele heilen,
So käme sie sicher nicht zurück
Und würde bei der Muse weilen.

Es tut weh

Warum darf ich nicht lieben?
Ich muss mein Licht vergeuden.
Mein Gefühl betäuben,
Dabei wollt' ich nur fliegen.

Sie sagen mir, es wär nicht echt.
Phasenweise nur durchlebt.
Was in meinen Schriften steht,
Hat zum Leben hier kein Recht.

„Gewachsen aus erdachter Not,
An Geld und Macht nur interessiert.
Tradition an Wert verliert"
Hass sitzt noch in einem Boot.

Doch wie kann verwerflich sein,
Was ich jeden Tag erlebe?
Weil ich so auf Wolken schwebe,
Was ein hoffnungsloser Schein!

Wie kann sich Liebe profilieren?
Wie zum Privileg nur werden?
Kann nicht jeder Mensch auf Erden,
Sich in jedem Mensch verlieren?

Sie schreien „Homo", es tut weh.
Ich kann nicht ändern, wer ich bin,
Sagt nur, ist es denn so schlimm,
Wenn ich mich zu Sternen dreh?

Universum aus Gold

Aus unseren beiden Seelen wurde eine,
Doch ich sah von Anfang an die Steine.
Sie lagen vor uns, auf hellem Boden.
Wollten nicht geben, Aufstand erproben.

Du hülltest mich in ein Universum aus Gold.
Hättest du mich gefragt, ich wäre dir gefolgt.
Weil ich durch dich alle Grenze überwand
Und immer mehr Gründe für uns erfand.

Doch vergebens, es war aussichtslos für dich.
Sagtest nur Floskeln und doch liebtest du mich.
Für andere war es Verschwendung meiner Zeit,
Für mich die Flucht aus meinem Leid.

Ich hab mich mit deinem Lächeln betrunken,
Bin auf den Grund des Meers aus Glück gesunken.
Blieb dort wunderschöne Stunden liegen.
Dann, mein Engel, musstest du weiter fliegen.

Fliegen und für die Anderen Gutes tun
Konntest gleichzeitig so tief in dir ruhen.
Vergeudetest dich im Licht deiner Sonne
Welch eine Dummheit! Welch eine Wonne!

Heute lebst du in den Tag, nimmst was da ist.
Ich wäre da, was dir aber zu nah ist.
Doch sieh, ich weiß, du würdest mich segnen,
Deshalb wird es zwischen uns nicht regnen.

Stefan Zweig

Die Liebe, die erklingt
Unter all der Einsamkeit,
Sie erträgt die Stille nicht
Und doch sind wir so weit.

Lass uns kurz noch schweigen,
Bevor wir dann vergehen.
Wir werden drüber reden,
Wenn wir uns wiedersehen.

Das Leben ist gelebt,
Die Heimat ist verloren.
Sie haben uns vertrieben,
Sie haben sich verschworen.

Was noch von uns bleibt,
Ist diese Novelle.
Komm, reich mir das Gift.
Wir gehen nun in Stille.

Liebe

Ist Liebe
Nur ein Wort?
So leer?
Denn du gingst fort!
Kommst du zurück?
Niemals, denn
Liebe
Ist nur ein Wort.

Katastrophal

Musik verhallt auf blassem Stein,
Träume flüchten sich in Vasen.
Es soll endlich Frieden sein!
Öl filmt dein Gesicht auf Straßen.

Ich sah dich, habe dich erfahren.
Spüre, wie die Zeit verfliegt!
Vielleicht hab' ich in all den Jahren
In Wirklichkeit nur dich geliebt.

In all der Zeit nur Land gesehen,
Um dann nicht ins Meer zu springen.
Um nicht völlig abzudrehen,
Weil die Feen vom Abschied singen.

Vielleicht lud ich den Wahnsinn ein,
Gegen meine Bindungsängste
Und wollte stets vollkommen sein
Und da war zu schnell die Grenze.

Vielleicht war das Gefühl nur wirr.
Dich zu lieben, gar nicht echt,
Ich bin so hilflos, bin so irr.
Wer gibt mir am Ende Recht?

Im Endeffekt ist es egal,
Weil mein Mund nicht sprechen mag.
Sieh, es ist katastrophal!
Ich schweige, bis zum Todestag.

Du fehlst!
Du fehlst mit jedem Paukenschlag.
Mit jeder Stunde, jedem Tag.
Meine Seele so voll Sehnsucht ist,
Mein Herz sich selbst und mich vergisst.

Mein Vertrauen war so stark zu dir.
Nun fühl ich, da ist Angst in mir.
Ich weiß nicht, werden wir bestehen?
Werde ich dich bald hier wiedersehen?

Nur ein Wort von dir, nur ein Ton.
Ich schwöre dir, das reicht mir schon.
Nur, bitte lass mich nicht allein!
Ich will mit dir unendlich sein.

Du
Wäre ich dein großer Wurf
Und du wärst der sanfte Wind,
Ich verginge neben dir,
Wäre glücklich wie ein Kind.

Läge dir ewig zu Füßen
Still und seicht im Fluss der Zeit;
Sieh mich an, ich bin ein Träumer,
Denn die Welt ist viel zu weit.

Nur du gäbest mir die Kraft,
Mich als guten Mensch zu sehen.
Ja, ich kann, doch will noch nicht
Meinen Lebensweg verstehen.

Und würdest du von mir verlangen
Ewig für dich da zu sein,
So würde ich dich nie verlassen
Und du wärest nie allein.

Und läge ich dann neben dir
Und du bedecktest meine Lippen,
So müsste ich endlich nie mehr
Um der Engel Hände bitten.

Tränen
Tosende Wellen wünsche ich dir,
Immergrüne Wiesen.
Mancherorts ist es schöner als hier.

Dort wo Menschen sich noch lieben,
Jesus wird gepriesen.
Dort wo noch die Besten siegen.

Zieh ruhig los, so unbekümmert.
Von den Tränen
Bleibst du unzertrümmert.

Doch bitte vergesse Eines nie,
Wir wähnen,
Schon Morgen verlässt du sie.

Meine Farben

Grund vereist,
Aufgebraucht.
Es funkelt der See
Mitten im Nichts.

Alles hier
In der Zeit von Morgen.
Gestern
Ist zu lange her.

Und doch,
Ein kleines Zeichen.

Liebe
Und Schatten.

Als Alles,
Alles Gute.

Die ewige Zukunft
Steht noch bevor.

Ich bin,
Ertrage.
Alleine mit dir.

Ich bin,
Bin ich.
In allen
Meinen Farben.

Die Liebe zur Natur

Sonnenuntergang am Rhein

Der Abend lag im Scheine da,
Im letzten Sonnenglanz.
Verliebte meine Seele gar,
Erlöste mich bald ganz.

Die Welt schon fast im Rot versank,
Die Wellen rauschten klar.
So wunderbar lieblich erklang
Das, was ich niemals schöner sah.

So unbeschreiblich elegant
Der Wolkendunst den Himmel ziert.
Die Kunst der Sonne ist verkannt,
Wie sie sich in der Welt verliert.

Morgenrot

Das Morgenrot erhob sich sanft aus der Nacht.
Als Spiegelbild der schönsten Seele.
Und ein Kind so unschuldig lacht.
Versicherte mir, dass ich nicht fehle.

Das rot leuchtete, so unscheinbar und zart.
Entführte mich in die Welt der Träume.
Vor Euphorie hatte ich es kaum gewahrt,
Zu Kunstwerken wurden selbst die Bäume.

Die eine Himmelseite noch Blau in Blau,
Es blinkte noch der letzte Stern.
Doch auf der anderen, ich sah es genau,
War des Tages Lichte nicht mehr fern.

Zart-rosa durchzogen die Wolken die Sphäre.
Die Welt so klar, das ich es nicht glaubte.
Ach, wenn ich doch nur ein Vogel wäre!
Ich flöge geschwind auf Atlas Haupte.

So ist der Morgen, die Welt erwacht,
Lässt ihre Schönheit in Glanz erstrahlen.
Umhüllt die Menschheit, ach so sacht.
Picasso könnte nicht schöner malen.

Schönheit der Natur
Schön in der Schöpfung,
Schön ist mein Leib,
Schön meine Seele,
Und alles was bleibt.

Ich bin willkommen
In dieser Welt,
Hat sie schließlich
Mein Leben erwählt.

Hat sie gegeben
Mir, was ich weiß.
Und was ich lebe
Und Leben heiß.

Und die Bäume und die Blätter
Und die Wiesen und das Tal.
Und das alles blüht in mir,
Blüht zum aller Ersten mal.

Weil ich hier in ruhiger Mitte,
In dem Walde mir vertraut
Habe heut' zu ersten Mal
Auf mir selber aufgebaut.

Natur umfang' mich, liebe mich.
Bring mich in dein Schweigen ein.
Und ich will für immer bleiben
Und mit dir zusammen sein.

Gewitter
Neugeburt der Schönen Welt,
Ewigkeiten grau um grau.
Blass aus all den stummen Winkeln
Neue Kraft ins Licht gehaucht.

Geruch von erdigem Befinden
Regnet leise mit Verstand.
Sieh, die kleinen Wassertropfen
Lieben sich in jede Hand.

Fallen leise auf die Erde,
Waschen sie von Schmerzen frei.
Wisse, dass kein' Worte schöner
Als ein frisch Gewitter sei.

Heimisches Gefild

Baum, erzähl mir von der Welt!
Ich habe sie noch nie begriffen.
Von ihr ganz und gar ergriffen,
Hat sie sich vor mir verstellt.

Baum, erzähl mir von der Nacht!
Warum die Sonne untergeht.
Ob ein Mensch das je versteht?
Ich hab nie daran gedacht.

Baum, erzähl mir von der Landschaft!
Diesem wunderschönen Bild.
In dem heimischen Gefild.
Bin Gefangen, liebste Haft.

Baum, erzähl mir von der Ruhe,
Die du in mein Herz verströmst.
An die du mich so seicht gewöhnst,
Sie ist der Gedanken Truhe.

Wiesengrund umhüllt mein Leben,
Wenn ich meinen Goethe lese,
Meine Seele so genese,
Fällt auf meine Haut der Regen.

Verdeckt die Tränen in den Augen.
Sag, was kann ich da ertragen?
Zu der Landschaft Schönheit sagen?
Nein, ich kann dem Schein nicht glauben.

Flammen
Ich setzte mich auf eine Bank
Und plötzlich mir der Sinn entschwand.

Der Himmel leuchtete nicht, er brannte.
Mit allen Farben, die er kannte.

Doch nicht nur der Himmel hat gebrannt,
Auch mein Herz, das war entflammt.

Ehrfurchtsvoll saß ich da,
Als ich diese Schönheit sah.

Wie von Künstlerhand geschaffen.
Nichts kann solche Freuden machen.
Wer vermag nur solche Sachen?

Das Rot, das brannte intensiv.
Wie die Stimme, die mich rief.

Wirkungsvoller als ein Brief,
Der von meiner Liebsten stammt.
Mit Unterschrift von ihrer Hand.

Vergangen
Nichts ist schöner
Als das Licht,
Wenn es sich
In Fenstern bricht.

Es war doch unzerbrechlich!

Die Ohnmacht des Mondes

Und der Mond zieht weiter,
Hört nicht auf zu singen.
Der Sehnsucht sanften Liedes,
Was so leis erklingt.

Er schwingt dort und weiß nicht,
Wo ist hier der Sinn?
Kommt nicht mehr zu Ruhe,
Doch wo soll er sonst hin?

Sieht hinein in Seelen,
Willentlich doch schwach.
Kann nichts mehr bewegen,
Vorbei ist seine Macht.

Und der Mond zieht weiter,
Hat nichts mehr zu tun.
Er hat nichts zu sagen,
Denn keiner hört ihm zu.

Ja, zu schnell das Leben.
Ja, zu kurz die Nacht.
„Weise", ist ein fremdes Wort,
Weil Böses noch als letztes lacht.

Und der Mond zieht weiter,
Hört nicht auf zu sehen,
Es gibt nur zu retten,
Nichts mehr zu verstehen.

Keine Worte

Warum hab' ich keine Worte,
Um die Wahrheit zu beschreiben?
Wie das liebe Himmelslicht
Und der Tag in Seelen schneiden!

Warum bringt der Untergang
Meine Seele zum erbeben?
Sieh doch nur, wie Sonnenstrahlen
Durch den langen Abend weben.

Sieh doch, wie der Regenbogen
Mit dem Abendrot verschmilzt.
Sag nur, was du, liebe Blume
Uns am Himmel zeigen willst!

Willst du uns für dich bewahren?
Willst du uns den Regen bringen?
Und für uns mit Engelszungen
Schönste Schöpfungslieder singen?

Könnte ich im Glanz verschweben,
Mich im Lauf der Zeit verschwenden.
Ach, wenn ich mich, einmal nur
Könnte von dem Alltag wenden!

Über Wolkenberge wandeln,
Ewigkeit im Gold und Licht.
Weh, es ist mit viel zu viel!
Weh! Oh, ich ertrag' es nicht!

Warum sind da keine Worte,
Die die Zärtlichkeit mir zeichnen?

Die sich Glanz und Scheine geben,
Um mich gänzlich zu erreichen?

Und dann noch der Duft von Regen!
Und der letzte, warme Hauch!
Sommermacht, gehöre dir!
Mond, hast meine Liebe auch!

Tag, komm, fließe ruhig dahin.
Es ist alles schon gedacht.
Jeder Mensch hat über jedem
Winzigen Problem gewacht.

Gebe mir nur Worte, schneller;
Um das alles zu erfassen!
Um dir, will dir doch nur Gutes,
All mein Werk zu hinterlassen.

Hörst du doch, ich will dir dienen.
Will doch nichts mehr sein als du!
Und ich schweige über Welten,
Schließ' die Augen, hör' dir zu.

Schöner scheint kein Weg zu sein!
Ich lass es dabei bewenden.
Du redest mich um den Verstand,
Liegst mit Sternen ruhig in Händen.

Träume machen mich Vergänglich.
Tage, Jahre, Leben fließen.
Und du gibst doch keine Tode,
Die mich je von Klippen stießen.

Vergänglichkeit

Der Löwenzahn ist nun vergangen,
Doch sein Erbe weht im Wind.
All die Jahre, all die Tage
Bleibt die eine Frage.
Wer wir denn am Ende sind.

Die Sonne geht des Abends unter.
Ist am Ende Gold, so fein,
All die Leben, all das Streben
Lassen uns die Bande weben.
Einfach nur, um da zu sein.

Blüten welken jeden Herbst.
Ästhetik gibt nur noch der Tod.
All die Narben, all das Darben,
Zeigt, warum sie starben.
Und Blut färbt Menschenhände rot.

Farben biegen sich im Regen.
Ah, das Bild vergeht zu schnell!
All das singen, all das Klingen,
Kann doch mir nichts bringen.
Und die Lichter leuchten grell.

In der Bucht entstehn' Korallen,
Die den Menschen stets entzücken.
All das Wasser, all das Wasser!
Und das Herz wird nass und nasser.
Scheint bald zu erdrücken.

Er muss hören
Blätter singen
Sanfte Melodien.
Der Mensch versteht nicht,
er schreit.

Elfen flüstern
Das gleiche Lied.
Der Mensch versteht nicht,
Er weint.

Polarlichter klagen
Den selben klang.
Der Mensch versteht nicht,
Er kämpft.

Warnschüsse kreischen,
Kindesschrei erklingt.
Der Mensch versteh nicht,
Er hört nicht hin.

Und Blätter sterben
Melodisch ab.
Elfen schweigen
Bis ins Grab.

Polarlichter sind
Schon längst verklungen.
Warnschüsse schießen
Löcher in Lungen.

Liebe zum Schmerz

Natur, was hast du mir getan?
Hast mir so viel Schmerz gegeben.
Wollte ich doch immer nur
Unwissend und glücklich leben.

Oh, sehe ich doch jeden Tag,
Was geschaffen tief in mir.
Die verkannte Dichterseele.
Nimm sie, sie gehört nur dir.

Ja, sie lässt mich wanken.
Lässt mich alle Tage schreiben.
Und mit Blick auf all mein Werk
Mich in tiefe Zweifel treiben.

Natur, ich bin hinein geboren
In eine schreckensreiche Zeit.
Sodass sich meine zarte Seele
Niemals an der Welt erfreut.

Doch was kann ich tun?
Zu empfindsam ist mein Geist.
Natur, ich liebe dieses Leben,
Doch ob das zum leben reicht?

Denn jede deiner bunten Blüten
Erweckt ein Feuerwerk in mir.
Doch jeder graue Wintertag
Tötet Freude, hält mich hier.

Ja, Natur, ich liebe dich.
Jeden Wald und jeden Fluss.

Doch darüber denken müssen
Gibt mir meinen Todesstoß.

Wo doch deine Lieblichkeit
Von meines Gleichen angegriffen!
Natur, und warum lässt du mich
Um dein großes Übel wissen?

Wenn ich durch die Wälder streife
Sehe ich, wie schön du bist.
Aber auch, dass jeder Wald
Jedes Jahr viel kleiner ist.

Und meine kleine Dichterseele
Lässt mich deshalb in mir weinen.
Verstehst du endlich meinen Schmerz?
Fühlst du auch das selbe Leiden?

Ich bin enttäuscht, ich bin verletzt.
Wäre lieber frei geschaffen.
Am liebsten von Vernunft geleitet,
Gefühle sind Vernichtungswaffen.

Natur, ich schreibe über dich.
Immer weiter, bis ich sterbe.
Denn dann verstumme ich in mir
Und mein Körper wird zu Erde.

Doch eines wird auf immer bleiben.
Das, was ich dir hab gesagt.
Was in meiner Dichterseele
Und so in deinen Händen lag.

Leuchtende Wonne

Der Sommer erleuchtet,
Glitzern der Scheiben.
Orange-Rotes Schimmern
Und Lichtblumen bleiben.

Gewalten, erhebt euch
Und lasst die Sonne
Auf ewig dort stehen,
Als leuchtende Wonne.

Lasst Menschen erstarren,
Dichtet ein Lied,
Das sich unter Tränen
Dem Himmel ergibt.

Die Wolkenstreifen
Mit Silberzügen
Zeichnen sich milde,
Um sich zu genügen.

Die zartblaue Kuppel
Zerfließt dort am Rande
Zum reinsten Gold
Der himmlischen Bande.

Zeiten, erstarred!
Malt hier ein Bild.
Von regloser Schönheit
Im grünen Gefild.

Gardasee
Seht, diese Schönheit!
Es tut schon fast weh.
Italien, du leuchtest,
Glänzt, mit deinem Gardasee.

Hellblauer Himmel
Und alles ist wahr.
Die Berge im Nebel,
Doch alles ist klar.

Und der Wind flüstert
Uns zu, was er sieht.
Er hat sich ganz leise
In die Landschaft verliebt.

Und der Tag lacht,
So jung und so gut.
Ach, wie das Leben
Tief in sich ruht.

Ach, wie der Mensch
Die Blumen verstreut
Und wie sich Wasser
An Sonne erfreut.

Gardasee, bist einsam,
Kennst kein wir.
Und doch, da bleibt immer
Sehnsucht nach dir.

Straßenläufer

Ich bin der leise Straßenläufer,
Irre durch den Wald dahin.
Und ich gebe keine Ruhe,
Bis ich angekommen bin.

Über asphaltierte Wege,
Die den Autos vorbehalten,
Sieht man mich, am schönen Abend,
Friedlich meiner Wege schreiten.

Zwischen Wiesen, zwischen Weiden,
Laufe, geh und singe ich.
Und jede dieser Landschaften,
Leuchtet und verkleidet sich.

In Waldes Mitte, wo die Lerche
Still um ihre Zukunft kämpft.
Und wo alles, was ich sehe
Süß im Licht der Sonne glänzt.

Und ich gehe meines Weges,
Glatt der Stein ist unter mir.
Und ich weiß nicht, ob ich suche.
Wenn ich suche, dann nach dir.

Kein Auto weit und breit zu sehen.
Nein, diese Straße, sie ist mein.
Und ich will für immer laufen,
Will mit mir im Reinen sein.

Fredenbaum

Ganz und gar und schön als Mensch
Fühl ich mich in dieser Nacht.
Es hat mich mit süßem Munde
Lebensfreude angelacht.

Hat mich restlos tief getroffen
Und mich einfach fest gehalten.
Sieh, wie die Vermessenheit
Lässt mich diesen Weg beschreiten.

Liebe, regst dich laut in mir,
Fredenbaum beschwingt die Zeit.
Und ich bin so voller Neugier
Auf den nächsten Tag bereit.

Ganz und gar ein Mensch zu sein;
Ohne Last, mit Segensschüben.
Gibt mir Frieden, gibt mir Kraft,
Mich mir endlich zu genügen.

Wie der Himmel

Wäre ich doch wie der Himmel!
Tauchte ich von Blau in Gold.
Strahlte ich mit warmer Milde,
Stürmte ich so kalt und hold.

Schmückte ich mit Wolkenfetzen
Und mit Vögeln meine Pracht.
Wären alle Zeiten sicher
Mit dem Jahre abgemacht.

Wäre ich doch wie der Himmel!
Ein Symbol von Segenshauch.
Trüge ich doch deine Hoffnung,
Hätt' ich deine Liebe auch.

Hätte ich doch alle Gründe
Voller Schmerz und grau zu sein.
Bliebe ich mit den Gezeiten
Und der Weisheit still allein.

Wäre ich doch wie der Himmel!
Könnte ich so endlos weinen.
Kurz danach schon ewig freundlich
Und in voller Weite scheinen.

Gäbe ich auf Zeiten nichts,
Wäre ich doch immer lebend.
Berechtigt für die Existenz
In Ewigkeit die Sonne gebend.

Wäre ich doch wie der Himmel!
Gestirne bergend in der Nacht.
Schiene ich im Licht des Mondes,
Wäre ich der Liebe Schmacht.

Brächte ich das Morgenrot
Und damit den neuen Tag,
Kennte ich endlich den Frieden,
Der zuvor in Tiefen lag.

Die Liebe zur Sucht

Lernen

Gebt dem Menschen was zu lernen,
So ist der Pflicht genug getan.
Wissen über Mond und Sterne,
Über Sitte und Verstand.

Gebt dem Menschen seine Weisheit,
Dass er sich daran ergetze
Dass er lerne gutes Leben
Und die Lehre der Gesetzte.

Gebt dem Mensch der Worte Lehre.
Kunst, Kultur und Dichtung viel.
Denn das ist die größte Ehre,
Ohne bleibt der Mensch debil.

Gebt dem Mensch der Zahlen Wissen,
Denn sie sind so ewig wahr.
Und mit Logik und Erkenntnis
Wird die Welt auf einmal klar.

Gebt dem Menschen Herzensbildung,
Zeigt die Schönheit der Natur.
Denn sie ist des Lebens Grunde
Und der Mensch ihr Diener nur.

Gebt dem Menschen was zu lernen,
Denn nur das wart seine Würde,
Denn nur das kann ewig währen.
Bildung, das ist ein Vergnügen.

Workaholic
Und du glaubst, dir platzt der Kopf.
Und du schwörst, das ist der Deal.
Und du kennst dich, Workaholic;
Weißt, es ist ne Spur zu viel.

Doch du siehst vor dir das Lächeln,
Was da in den Augen blitzt.
Und sie dürfen hier doch leben,
Weil du nicht dein Amt aus sitzt.

Weil du handelst und du strebst,
Immer ihre Not im Blick.
Und den andern geht es besser,
Nur du selbst wirst bald verrückt.

Nicht länger
Ich will nicht länger schreiben,
Nur um nicht zu gehen.
Nur um hier zu bleiben,
Kann nicht länger stehen.

Ich will die Gedichte,
Immerzu verbrennen.
Sie sind nur Gewichte,
Die hier Amok rennen.

Darf ich länger schweigen?
Sieh, mein Herz, so schwer.
Will mir Leben zeigen,
Will die Kunst nicht mehr.

Gebt sie ab

Man will Gedichte schreiben.
Es gelingt nicht, man scheitert.
Das Müßige siegt.

Der Gedanke fliegt!
Ist flügge geworden,
Durch den kleinen Anstubser
Des endgültigen Tages.
Ewig während schwebt er dort,
Der Gedanke in der Luft.
Eine Idee zum Frieden?
Eine Formel für die Liebe?

Man weiß es nicht,
Kann ihn nicht sehen.
Kann ihn nur erraten,
An den Farben seiner Blüte.

Wie viele Gedanken
Würden so gerne
Mal ausgesprochen werden,
Um ihren Frieden zu finden?
Die stummen und blinden,
Gedankenloses Einfallsgut.
Redet sie nicht klein,
Die unaussprechlichen.

Man verstehe ihre Wut.
Lasst sie in Frieden, gebt sie ab.
Gestaltet ihr Grab, gedenkt ihnen still.

Nur
Ich kann mein Herz nur schlagen hören,
Wenn der Beat durch Füße geht.
Wenn der Rhythmus schnell vibriert.
Ich weiß nicht, wer das versteht.

Bitte Drummer, schlag den Bass,
Damit das Blut so weiter fließt.
Damit es sich nicht weiter staut.
Bitte, durch die Adern schießt.

Ich kann nur atmen, wenn die Töne
Die leisen Blockaden lösen.
Die den Geiste hier gefangen,
Ich ertrage ihn in Stößen.

Kommt schon, dreht den Regler auf,
Dass ich ganz und gar umfangen.
Dass ich Leben neu begreife.
Kommt, spielt wieder, was wir sangen.

Ich kann nur leben, wenn die Worte
Mich auf weichen Federn tragen.
Mich so regellos umschließen,
Ich kann sie nach Welten fragen.

Ich kann nur leben, wenn Musik
Meine Nacht zum Tage macht.
Meine Wege sterben während
Ich und so die Trauer lacht.

Dunkelheit und Licht
Stille, überall,
Doch sie berührt mich nicht.
Ist nur noch ein Schlagabtausch
Von Dunkelheit und Licht.

Licht das sanft entführt.
Dunkelheit, die sich nicht spürt.
Ist nur noch Tod,
In beiden Fällen.

Stille, die angreift.
Eine Welt der Bilder.
Die sie tötet,
Bilder brechen.

Die Welt verliert,
Denn Licht stirbt,
Dunkelheit erfriert
Die Bilderwelt.

Allein
Es war die Stille, die mich aufhorchen ließ.
Wo waren die Geräusche hingegangen?
Ich konnte sie nicht finden,
Der Schrei meiner Verzweiflung war stumm.
Die Welt drehte sich nicht mehr.
Und ich ging mit ihr unter.
Traurig und,
Was am schlimmsten war,
Allein.

Preisgeben
Was kostet dein Stöhnen?
Ich zahl all das Geld.
Und was deine Lippen?
Was die himmlische Welt?

Dein Zittern und Beben,
Die liebliche Qual.
Nur bei dir kann ich leben,
Weil ich dir alles bezahl'.

Meine Hände, deine Brüste,
Spüre mich tief in dir.
Zuhause die Fremde,
Meine Heimat ist hier.

Reden ist sinnlos,
Daher wo ich komme.
Meine Frau ist ein Biest,
Mein Job für die Tonne.

Jeden Samstag nur du,
Gibst dich mir preis.
Stillst meinen Wahnsinn,
Fickst meinen Geist.

Sie denken an Tennis,
Während ich liebe,
Ich in dich stoße,
Bezahle den Frieden.

Du bist nicht einfach
Nur eine Frau.

Befreist meine Seele
Von ihrem Staub.

Saugst endlich aus
Den Adern mein Leid.
Durchbrichst eine Welle
Von Einsamkeit.

Lässt mich dich lieben,
Seit Jahren schon.
Doch mein Schicksal
Lacht voller Hohn.

Ich kann nicht bleiben
Und ich sehe
Den nächsten Mann
Wenn ich dann gehe.

Ins Herz

Eine Nadel, eine Vene.
Jede Nacht fällt
Eine Träne.

Nur einmal drücken.
Kurz der Schmerz;
Sich beglücken.

Stich ins Herz.

In den Tod

Ich seh' dich an und frage mich,
Wie oft kann mein Herz noch schlagen?
Bevor es anhält und verwest
Und wie könnte ich dir entsagen?

Immer Angst und immer Pech,
Doch mit dir zu sein ist Glück.
Bis zum Hals und immer weiter
Pocht mein Herz, will nie zurück.

Treibst mich an in bunte Tiefen,
Die sonst keiner kennt, nur ich.
Doch die Farben weinen leise.
Regnen, überschlagen sich.

Dunkler Wald und kalte Hoffnung,
In mir drin ist Gott verloren.
Ja, du machst den Atem schwer
Und hast mich doch neu geboren.

So zu sein und so zu leben
Lebt mich mitten in den Tod.
Doch mit deiner lieben Hilfe
Seh' ich Licht und manchmal rot.

An allen Tagen zeigst du mir,
Was ich will und wer ich bin.
Und da der Tod doch eh noch kommt,
Ist er für mich halb so schlimm.

Dank:

Danke an Papa, Bea und Bibi, ihr seid mein Zuhause. Mein Alles.

Danke an Mama, Nils, Sonja und Leonie. Ich liebe euch.

Danke an Robin, mein Licht in dunkler Nacht.

Danke an Claudia, meine sichere Insel im Meer der Zweifel.

Danke an Eric, Nils und Julius. Für echte Freundschaft.

Danke an Ricarda, Verena, Sarah, Stanzi und Caroline. Weil ihr versteht, dass Frauenliebe Liebe ist.

Thank you Justin, you're the greatest.

Danke an Sascha, Nico und Maj, für Inspiration.

Danke an Sabine, Kurt, Jan und Manuel, für Motivation.

Danke an Ingo, Corinna und Tim, für schöne Zeiten.

Danke an Jan, Iris und Ursula, ich wünsche euch nur das Beste.

Danke an den Bonner Unterbezirk und alle anderen befreundeten GuG's, für Solidarität.

Danke an Chris, den liebsten Mensch auf Erden.

Und Danke an Julian, der mir sein Vertrauen lieh. Und seine Geschichte.

Über die Autorin:
Mein Name ist Anne Linscheid und ich wurde am 31.12.1996 als drittes von vier Kindern in Bonn geboren. Schon als kleines Kind war mein Interesse für Bücher unschwer erkennbar und auch das freie Schreiben gehörte trotz meiner ausgeprägten Rechtschreib-Schwäche zu den Vergnügen meines Grundschulalltags. Von meinem sorgfältig geführten Tagebuch begleitet kam ich dann auf die Bertolt-Brecht-Gesamtschule in Bonn, wo ich mit 12 Jahren zum ersten mal die Lyrik kennen lernte und anfing, selber Gedichte zu verfassen. Mal mehr, mal weniger intensiv ausgelebt fing das Schreiben an, zu meinem ständigen Begleiter zu werden. Und umso mehr die Rechtschreib-Schwäche mit der Zeit verschwand, umso mehr schrieb ich. Mit 14 war mein erster Gedichtband fertig, mit 15 mein erstes Drama.

Mein Leben als lesbische, hypersensible, extrovertierte, verträumte und engagierte Sozialistin gab mir dabei immer genug innere und zwischenmenschliche Konflikte, über die es sich zu schreiben lohnt.

Dies ist das erste Buch, welches ich veröffentliche und ich hoffe, dass es einige Menschen gibt, die daran Gefallen finden. Über Feedback, Lob, Kritik, Diskussionen und Kontakt im allgemeinen freue ich mich sehr.

Auf meiner Website buch-linscheid.jimdo.de bin ich dafür zu erreichen.

Danke!!!